escuela - yachay wasi	2
viaje - ch'usay	5
transporte - astana	8
ciudad - llaqta	10
paisaje - wanlla	14
restaurante - mikhuna wasi	17
supermercado - jatun qhatu	20
bebida - upyanakuna	22
comida - mikhuna	23
granja - chakra wasi	27
casa - wasi	31
cuarto de estar - k'illi wanlla	33
cocina - wayk'una wasi	35
cuarto de baño - akana wasi	38
cuarto de los niños - wawa k'uchu	42
vestimenta - p'acha	44
oficina - ujisina	49
economía - qullqikamay	51
ocupaciones - llamk'aykuna	53
herramientas - ruk'awi	56
instrumentos musicales - takichiy nakuna	57
zoológico - jatun uywa kancha	59
deporte - atipanaku pukllay	62
actividades - ruwakuna	63
familia - yawar masikuna	67
cuerpo - uqhu	68
hospital - Jampina wasi	72
emergencia - urjinsia	76
Tierra - Pacha	77
reloj - phani (kuna)	79
semana - qanchischaw	80
año - wata	81
formas - pacha tupusqa rikch'ay	83
colores - llimp'ikuna	84
opuestos - wakjinakuna	85
números - yupaykuna	88
idiomas - simikuna	90
quién / qué / cómo - pi / ima / imayna	91
donde - maypi	92

Impressum
Verlag: BABADADA GmbH, Nedderfeld 112 , 22529 Hamburg
Geschäftsführer / Verlagsleitung: Harald Hof
Druck: Books on Demand GmbH, In de Tarpen 42, 22848 Norderstedt

Imprint
Publisher: BABADADA GmbH, Nedderfeld 112 , 22529 Hamburg, Germany
Managing Director / Publishing direction: Harald Hof
Print: Books on Demand GmbH, In de Tarpen 42, 22848 Norderstedt

escuela
yachay wasi

- dividir — rak'iy
- mesa — pirqa qillqana
- aula — yachaqaywasi
- patio de escuela — kancha
- docente — yachachiq
- papel — raphi
- escribir — qillqay
- bolígrafo — qillqana
- escritorio — llamk'a jamp'ara
- regla — chiqanchana
- libro — p'anqa
- alumno — yachaqaq

mochila escolar
wayaqa

caja de lápices
p'uktaki llimp'i qillqana

lápiz
yana qillqana

sacapuntas
ñawch'ina

goma de borrar
qillqakhituna

bloc de dibujo
qillqana p'anqa siq'inapaq

dibujo
siq'i

pincel
chukcha llimp'ina

caja de pinturas
p'uktaki llimp'ikuna

tijera
k'utuna

pegamento
k'akachana

libro de ejercicios
qillqana p'anqa ruwanakuna

tarea
kamachinakuna

número
yupay

sumar
yapay

restar
qhichuqay

multiplicar
mirachay

calcular
yupanchay

letra
sanampa

alfabeto
sanampakuna

palabra
simi rimay

escuela - yachay wasi

texto
qillqa

leer
ñawiriy

tiza
iskuna

lección
yachachina

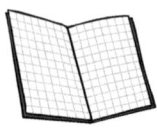
libro de clase
qillqana p'anqacha

examen
chaninchana

certificado
certificaru

uniforme escolar
uniforme

educación
yachay

enciclopedia
jatun simi pirwa

universidad
Jatun yachaywasi

microscopio
microscopio

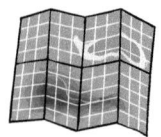
mapa
saywa siq'i

cesto de papeles
raphi chuqana

escuela - yachay wasi

viaje
ch'usay

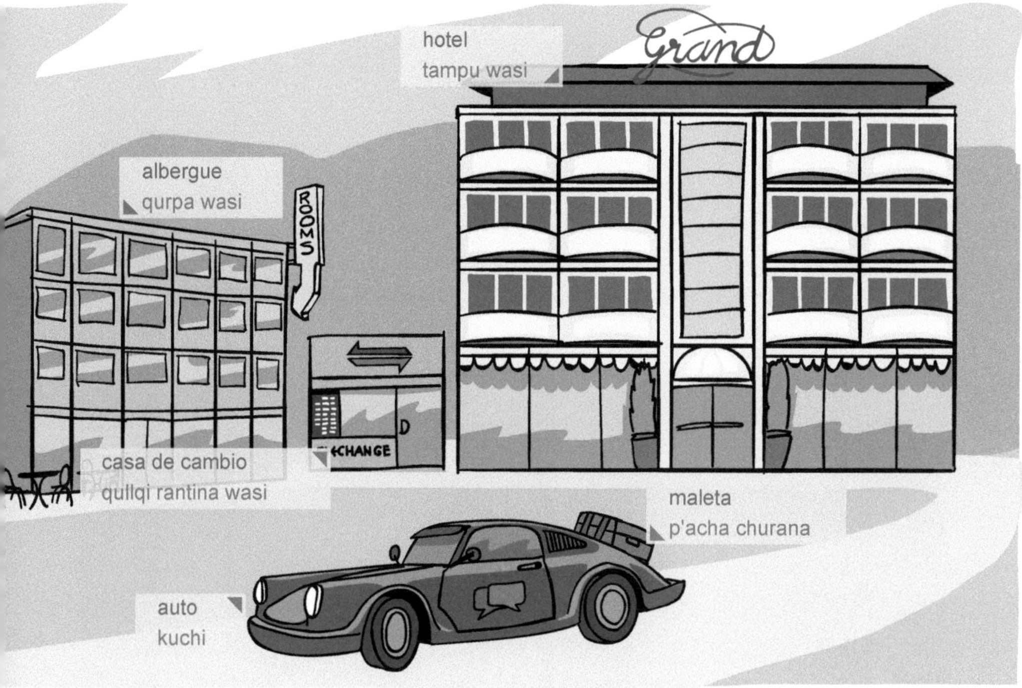

hotel
tampu wasi
Grand
albergue
qurpa wasi
ROOMS
casa de cambio
qullqi rantina wasi
EXCHANGE
maleta
p'acha churana
auto
kuchi

idioma
simi

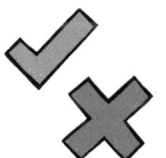

sí / no
ari / mana

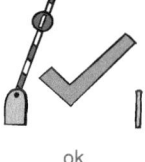

ok
ari

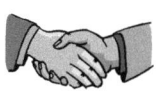

hola
Imaynalla

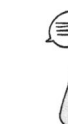

intérprete
tikraq

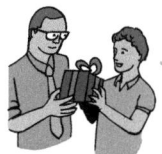

gracias
Pachi

¿Cuánto cuesta…?
¡Machkhataq?

No entiendo
Mana yachanichu

problema
ch'ampay

¡Buenas tardes!
¡Allin tuta!

¡Buenos días!
¡Allin P'unchaw!

¡Buenas noches!
¡Allin tuta!

adiós
tinkunakama

dirección
pusachay wasi

equipaje
q'ipi

bolso
wayaqa

mochila
wasa wayaqa

invitado
jamuynisqa

cuarto
wasi

saco de dormir
puñunapaq wayaqa

tienda de campaña
tienda

viaje - ch'usay

información al turista
turismu willakuy

playa
quchapata

tarjeta de crédito
tarjita kriditumanta

desayuno
paqarin mikhuy

almuerzo
chawpi p'unchaw mikhuy

cena
tuta mikhuy

pasaje
qullqi

ascensor
makina wicharinapaq

sello
unanchana

límite
saywa

aduana
adwana

embajada
imwajada

visa
visa

pasaporte
pasapurti

viaje - ch'usay

transporte
astana

avión
lata p'isqu

barco
wamp'u

coche de bomberos
bumbiru kuchi

bus
awtuwus

camión
kamiun

lancha a motor
mutur wamp'u

bicicleta
wisiklita

auto
kuchi

balsa
quchacha

lancha
wamp'u

motocicleta
mutu

auto de policía
pulisiyap autun

auto de carreras
usqay karru

auto de alquiler
kuchi manukuna

alquiler de autos

kuchi manu

grúa

grua

vehículo recolector de basura

q'upa kamiun

motor

mutur

gasolina

gasulina

gasolinera

gasulinamanta istasiun

señal de tráfico

chakatana sanampa

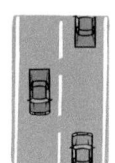

tránsito

trajiku

atasco

chakatana

estacionamiento

istasiun

estación de tren

trin estasiun

carril

ñankuna

tren

trin

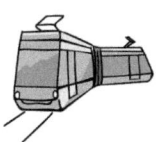

tranvía

tranwia

vagón

wagun

transporte - astana

helicóptero
ilikuptiru

aeropuerto
lata p'isqu kiti

torre
pukara

pasajero
pasaqlla

contenedor
jatun p'uktaki

caja de cartón
karton p'uktaki

carro
kapachu

cesta
isanka

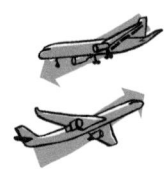
despegar / aterrizar
phaway / uray

ciudad
llaqta

aldea
llaqta

centro de la ciudad
chawpi jatun llaqta

casa
wasi

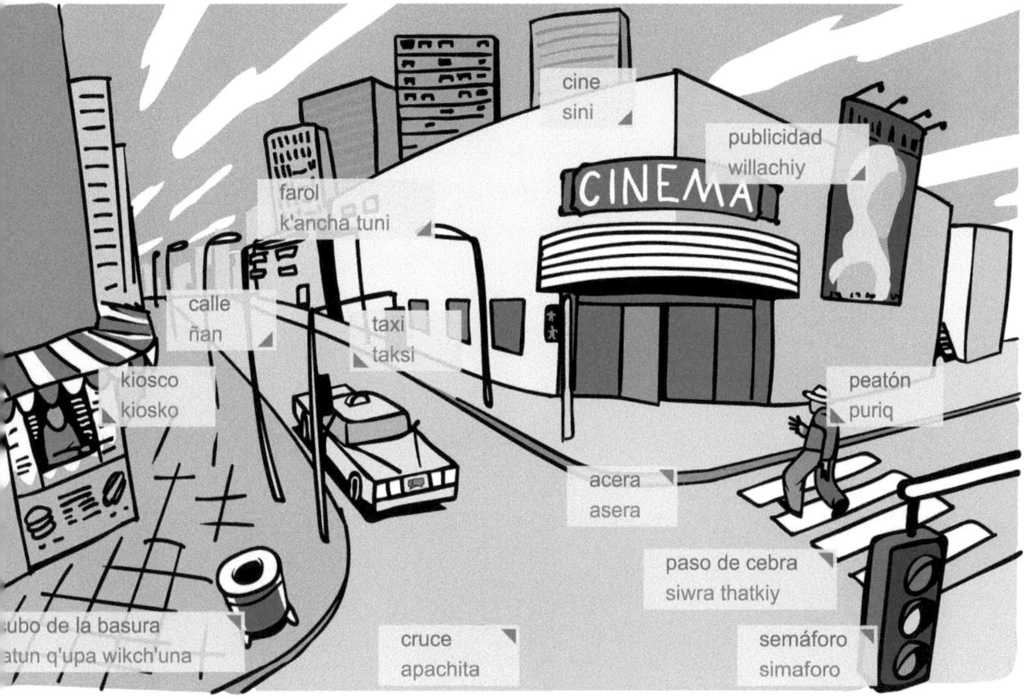

cine / sini
publicidad / willachiy
farol / k'ancha tuni
calle / ñan
taxi / taksi
kiosco / kiosko
peatón / puriq
acera / asera
paso de cebra / siwra thatkiy
cubo de la basura / hatun q'upa wikch'una
cruce / apachita
semáforo / simaforo

cabaña
ch'ullka

apartamento
apartamento

estación de tren
trin estasiun

ayuntamiento
tantanakuy wasi

museo
rikuchina wasi

escuela
yachay wasi

ciudad - llaqta

universidad
Jatun yachaywasi

banco
qullqi pirwa

hospital
Jampina wasi

hotel
tampu wasi

farmacia
jampi ranqhana wasi

oficina
ujisina

librería
p'anqa pirwa

negocio
tienda

florería
t'ika wasi

supermercado
jatun qhatu

mercado
qhatu

grandes almacenes
jatun pirwa

pescadería
challwa wasi

centro comercial
jatun rantina wasi

puerto
wamp'u qhispinan

ciudad - llaqta

parque
jark'asqa chiqan

banco
qullqi pirwa

puente
chaka

escalera
wichana

metro
metro

túnel
suqhu

parada de autobuses
autuwus sayana

bar
bar

restaurante
mikhuna wasi

buzón de correo
willa qillqa juch'uy wanqara

letrero
t'uqsi tuni

parquímetro
parkimetro

zoológico
jatun uywa kancha

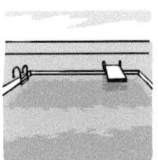
piscina
armakuna

mezquita
meskita

ciudad - llaqta

granja
chakra wasi

polución
pacha unquchiq

cementerio
Aya pampa

iglesia
iñiy wasi

parque infantil
pukllana kancha

templo
Qhapana

paisaje
wanlla

- hoja — raphi
- indicador de camino — sanampa
- sendero — ñan
- pradera — waylla
- piedra — rumi
- árbol — sach'a
- caminante — puriq runa
- rio — mayu
- pasto — sach'a
- flor — t'ika

paisaje - wanlla

valle	montaña	lago
qhichwa	muqu	qucha
	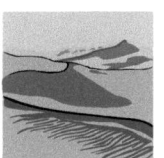	
bosque	desierto	volcán
Sach'a sach'a	purun	nina phuqchiq urqu

castillo	arco iris	seta
kastilla wasi	k'uychi	champiñun

palmera	mosquito	mosca
chunta	ch'uspi	ch'uspi

hormiga	abeja	araña
sik'imira	wara	kusi kusi

paisaje - wanlla

escarabajo
ch'iqi

rana
k'ayra

ardilla
artilla

erizo
askanku

liebre
liwre

lechuza
ch'usiqa

pájaro
p'isqu

cisne
yuku p'isqu

jabalí
sintiru

ciervo
sierwu

alce
alsi

embalse
waykhasqa

aerogenerador
wayrakallpa

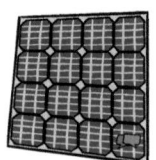

módulo solar
inti panil

clima
pacha wayra

restaurante
mikhuna wasi

camarero
wayna yanapaq

carta del menú
menu

silla
tiyana

sopa
supa

pizza
pitsa

cubiertos
tumina

mantel
mast'a jamp'ara

entrada
ñawpaq mikhuna

plato principal
yari mikhuna

postre
mikhuy yapa

bebida
upyanakuna

comida
mikhuna

botella
wutilla

comida rápida
saqra ura

comida callejera
kalli mikhuna

tetera
te churana

azucarera
misk'i churana

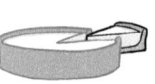

porción
chhika

máquina de espresso
cajitira iksprisu

silla alta
jatun tiyana

factura
yupay

bandeja
bandija

cuchillo
tumi

tenedor
tinidur

cuchara
wislla uña

cuchara de té
juch'uy wislla uña

servilleta
simi pichana

vaso
qhispi akilla

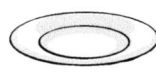
plato
chuwa

plato de sopa
chuwa

platillo
chuwa

salsa
salsa

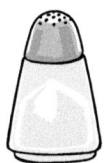
salero
kachi churana

molinillo para pimienta
pimienta kutana

vinagre
k'allkucha

aceite
llukllu

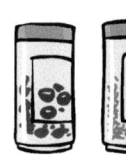
especias
ch'aki q'mirkuna

ketchup
ketchup

mostaza
mostaza

mayonesa
mayonisa

restaurante - mikhuna wasi

supermercado
jatun qhatu

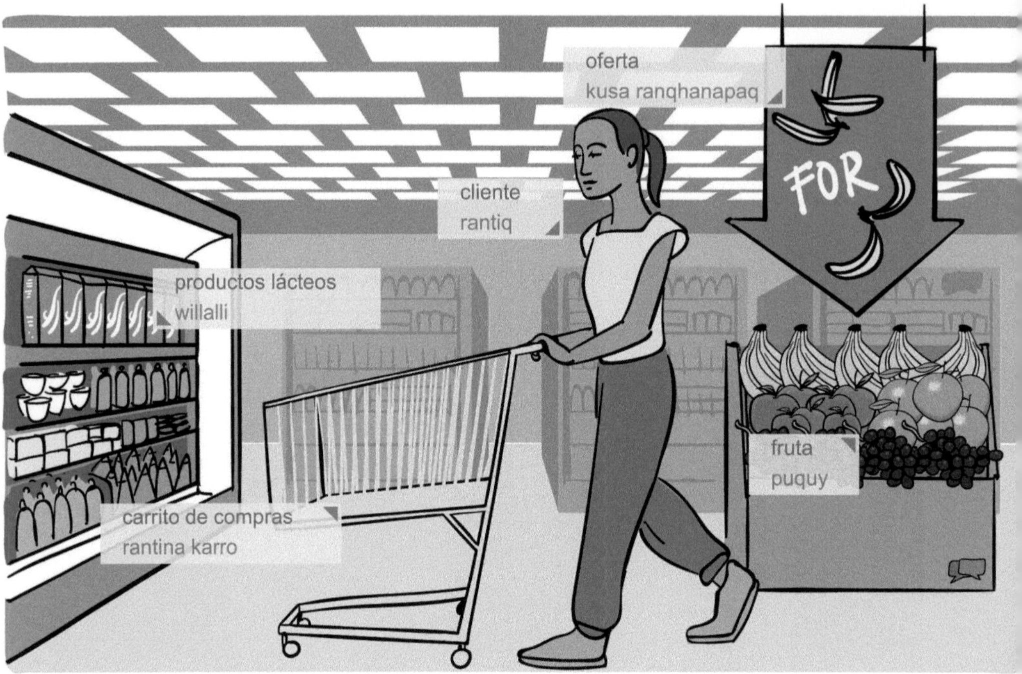

carnicería	panadería	pesar
aicha wasi	t'anta wasi	llasay
	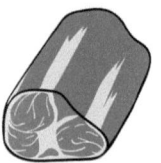	
verdura	carne	alimentos congelados
q'umirkuna	aycha	chhullunka mikhuna

oferta — kusa ranqhanapaq
cliente — rantiq
productos lácteos — willalli
carrito de compras — rantina karro
fruta — puquy

fiambre
quqawi

conservas
mikhuna unaychasqa

detergente en polvo
ditirjinti

dulces
misk'ikuna

artículos domésticos
wasimanta pruduktu

productos de limpieza
maylla produkto

vendedora
ranqhaq

caja
kartun p'uktaki

cajero
kajiru

lista de compras
sinru qillqa rantina

horario de atención
sumaq runa uyarina phani

cartera
qullqi wayaqa

tarjeta de crédito
tarjita kriditumanta

maleta
plastiko wayaqa

bolsa plástica
plastiku wayaqa

supermercado - jatun qhatu

bebida
upyanakuna

agua
yaku

jugo
jilli

leche
ch'awa

refresco de cola
coca cola

vino
vino

cerveza
sirwisa

alcohol
alkula

cacao
kakawu

té
te

café
caji

espresso
ieksprisu

cappuccino
capuchinu

comida
mikhuna

banana
platanu

manzana
mansana

naranja
laranja

sandía
milun

limón
limun

zanahoria
sanawrya

ajo
aju

bambú
wamwu

cebolla
siwulla

seta
champiñun

nueces
awillana

fideos
jirius

espagueti
ispawiti

arroz
arrus

ensalada
sarsa

patatas fritas
papa kanka

patatas salteadas
papa kanka

pizza
pitsa

hamburguesa
amwirkisa

sándwich
sanwich

escalope
jiliti

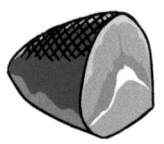
jamón
jamun

salame
salami

embutido
salchicha

pollo
chichilu

asado
aycha kanka

pescado
challwa

copos de avena

p'aqa awina

musli

muesli

copos de maíz tostado

p'aqa sara

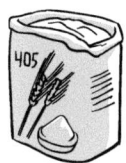

harina

jak'u

croissant

krwasan

panecillo

k'awka

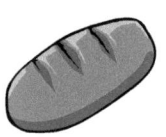

pan

t'anta

tostada

t'anta jamk'a

galletas

khamuna

mantequilla

mantikilla

cuajada

ñuqñu

pastel

pastil

huevo

runtu

huevo frito

runtu kanka

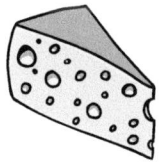

queso

masara

helado	azúcar	miel
chullunka misk'i	misk'i	wayrunq'u misk'i

mermelada	praliné	curry
mirmilara	krima turrunmanta	kurri

comida - mikhuna

granja
chakra wasi

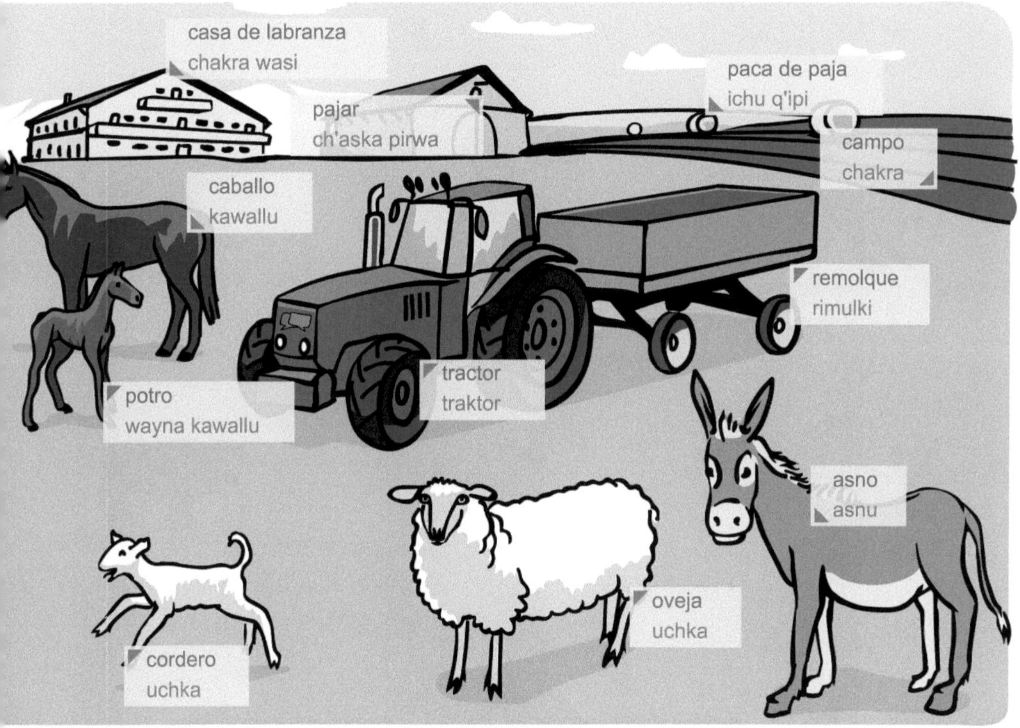

casa de labranza
chakra wasi

pajar
ch'aska pirwa

paca de paja
ichu q'ipi

campo
chakra

caballo
kawallu

remolque
rimulki

tractor
traktor

potro
wayna kawallu

asno
asnu

oveja
uchka

cordero
uchka

cabra
karwa

vaca
waka

ternero
waka uña

cerdo
khuchi

lechón
khuchi uña

toro
turu

granja - chakra wasi

ganso
wallata

pato
pili

polluelo
chchilu

pollo
wallpa

gallo
k'anka

rata
jatun juk'ucha

gato
misi/michi

ratón
juk'ucha

buey
turu

perro
alqu

caseta del perro
alquwasi

manguera de riego
mankira

regadera
qarpana jalp'a

guadaña
rutuna

arado
taklla

granja - chakra wasi

hoz
rutuna

azada
liwk'ana

bieldo
sipina

hacha
ayri

carretilla
kapachu

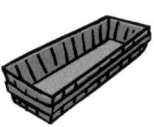

abrevadero
yaku upyana

lechera
willalli purunku

saco
jatun wayaqa

cerca
jark'aq ch'ipa

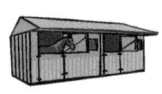

establo
kancha wasi

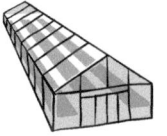

invernadero
inwirnadiru

suelo
pampa

semilla
muju

fertilizante
wanu

cosechadora
makina allana

granja - chakra wasi

cosechar
allay

cosecha
allay

raíz de ñame
ñame

trigo
tiriwu

soja
soya

patata
papa

maíz
sara

colza
kulsa luru

Árbol frutal
wayu sach'a

mandioca
mandiuka

cereales
ch'aki puquy

casa
wasi

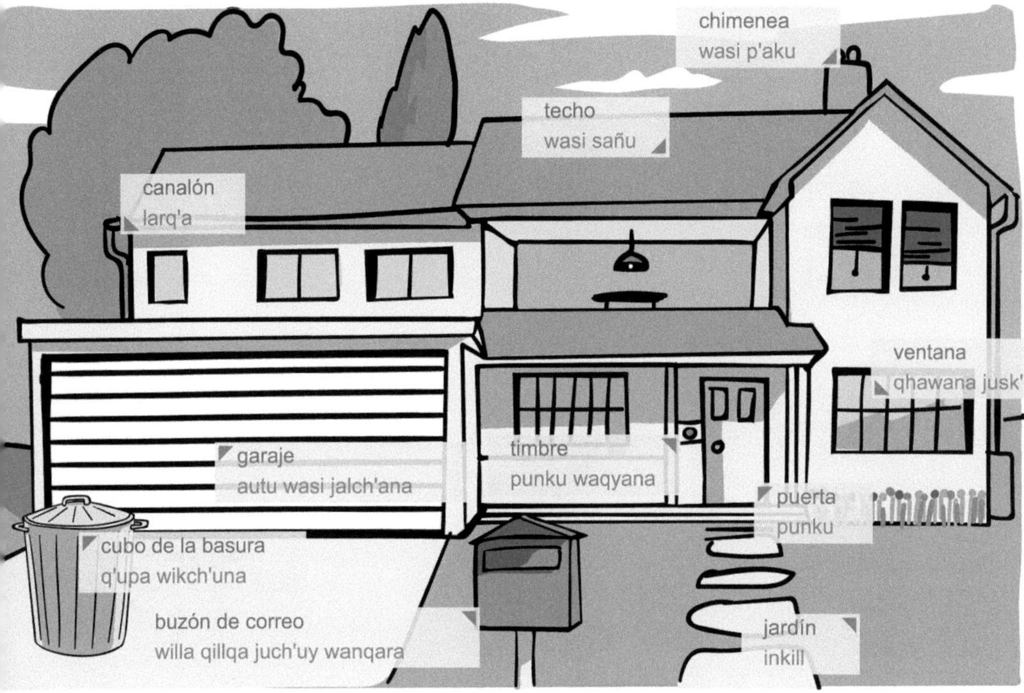

chimenea
wasi p'aku

techo
wasi sañu

canalón
larq'a

ventana
qhawana jusk'u

garaje
autu wasi jalch'ana

timbre
punku waqyana

puerta
punku

cubo de la basura
q'upa wikch'una

buzón de correo
willa qillqa juch'uy wanqara

jardín
inkill

cuarto de estar

k'illi wanlla

cuarto de baño

akana wasi

cocina

wayk'una wasi

dormitorio

puñuna wasi

cuarto de los niños

wawa k'uchu

comedor

mikhuna k'uchu

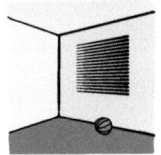

piso
pampa

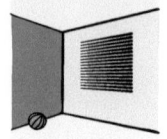

pared
pirqa

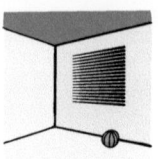

cielorraso
wasip khatan

sótano
wasi ukhun

sauna
sawna

balcón
walkun

terraza
pirqa

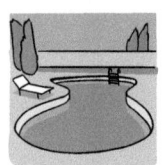

piscina
armakuna

cortacésped
k'achina

funda nórdica
iqana

edredón
khatana

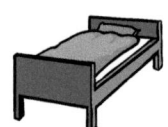

cama
puñuna

escoba
pichana

cubo
yaku aysana

interruptor
k'ancha jap'ichiq

casa - wasi

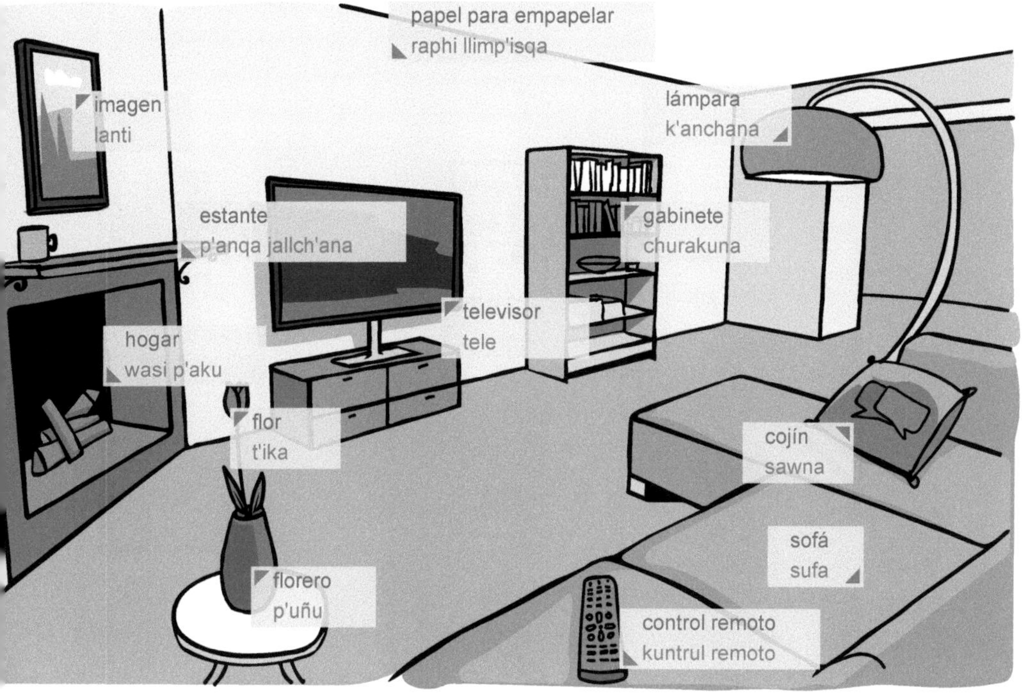

cuarto de estar
k'illi wanlla

- imagen / lanti
- papel para empapelar / raphi llimp'isqa
- lámpara / k'anchana
- estante / p'anqa jallch'ana
- gabinete / churakuna
- hogar / wasi p'aku
- televisor / tele
- flor / t'ika
- cojín / sawna
- florero / p'uñu
- sofá / sufa
- control remoto / kuntrul remoto

alfombra
pampa mast'ana

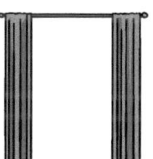

cortina
arapa

mesa
jamp'ara

silla
tiyana

mecedora
chhuku tiyana

sillón
kirana

libro
p'anqa

frazada
mast'a

decoración
t'ikanchay

leña
llamt'a

film
pelikula

equipo estereofónico
takina ekipu

llave
ch'atana

periódico
mit'awa

cuadro
llimp'i

póster
poster

radio
wayra simi

bloc de notas
qillqana p'anqa

aspiradora
aspiradora

cactus
pukru

vela
ispilma

cocina
wayk'una wasi

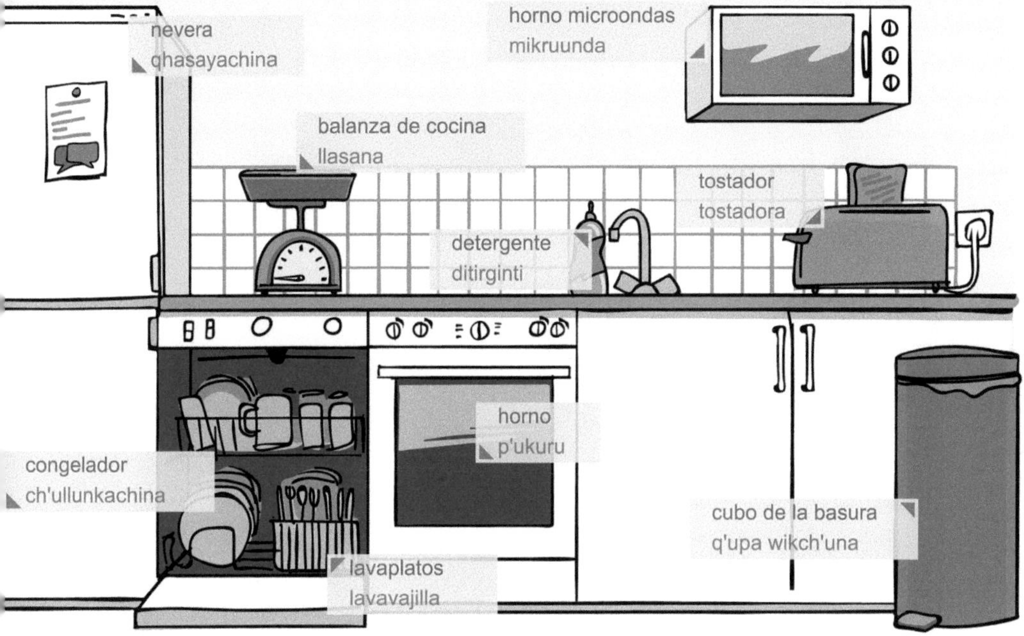

- horno microondas / mikruunda
- nevera / qhasayachina
- balanza de cocina / llasana
- tostador / tostadora
- detergente / ditirginti
- horno / p'ukuru
- congelador / ch'ullunkachina
- cubo de la basura / q'upa wikch'una
- lavaplatos / lavavajilla

cocina
presiun manka

olla
manka

olla de fundición de hierro
q'illa manka

wok / kadai
wok

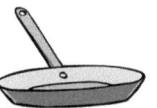

sartén
payla

hervidor de agua
thimpuchina

cocina - wayk'una wasi

olla de vapor
wapsina

bandeja de horno
p'ukuru punku

vajilla
vajilla

vaso
tasa

bol
tason

palillos para comer
palillo

cucharón de sopa
wislla

espátula
phusuqa urquna

batidor
qaywina

colador
isanka

cedazo
suysuna

rallador
thupana

mortero
kutana

parrillada
kawitu

fogata
nina jap'ichina

tabla de picar

k'ullu kuchunapaq

rodillo

tuquru

sacacorchos

sacacurchu

lata

lata

abrelatas

lata kichana

agarrador

jap'ina

fregadero

chuwa mayllana

cepillo

sipillu

esponja

ispunja

batidora

watidora

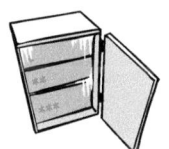

arcón congelador

ch'ullunkachina

biberón

biberon

grifo

grifo

cocina - wayk'una wasi

cuarto de baño
akana wasi

- calefacción / kalefaksiun
- ducha / armana
- toalla / ch'akina
- cortina para ducha / arapa
- baño de espuma / phusuqa mayllana
- bañera / bañera
- vaso / qhispi akilla
- lavadora / makina mayllana
- grifo / grifo
- baldosa / azulijo
- orinal / manka jisp'ana
- fregadero / chuwa mayllana

cuarto de baño
akana

placa turca
yakupaka

bidé
bidet

urinario
jisp'ana

papel higiénico
papel higieniku

escobilla para el cuarto de baño
water pichana

cepillo de dientes
kiru khituna

pasta dentífrica
kiru pasta

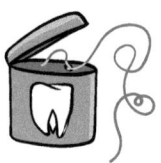

seda dental
kiru q'aytu

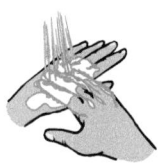

lavar
mayllay

ducha teléfono
armana makiwan

ducha higiénica
armana

cuenco
pila

cepillo para la espalda
wasa cepillo

jabón
t'arta

gel de ducha
llukllu armanapaq

champú
champu

manopla para baño
ch'akina

desagüe
ch'chi yaku wikch'una

crema
krima

desodorante
kuntu wayllak'upaq

cuarto de baño - akana wasi

espejo
qhispi

espejo de maquillaje
qhawakunaqhispi

máquina de afeitar
mumikuna

espuma de afeitar
phusuqu mumikunapaq

loción para después del afeitado
lusiun mumikunapaq

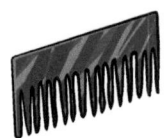

peine
sikrana

cepillo
kuiru khituna

secador para cabello
sekadora

laca de peinado
ispray

maquillaje
makillaji

lápiz labial
simi llimp'ina

laca para uñas
llimp'i sillu

algodón
ampi

tijera para uñas
sillu k'utuna

perfume
untu

cuarto de baño - akana wasi

neceser

wayaqa ch'usanapaq

taburete

chukuna

balanza

aysana

bata de baño

bata

guantes de goma

maki wayaqa gumamanta

tampón

tampon

compresa

raphi ch'akina

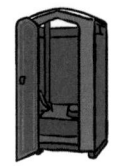

wáter químico

akanapaq tiyana kimiku

cuarto de los niños
wawa k'uchu

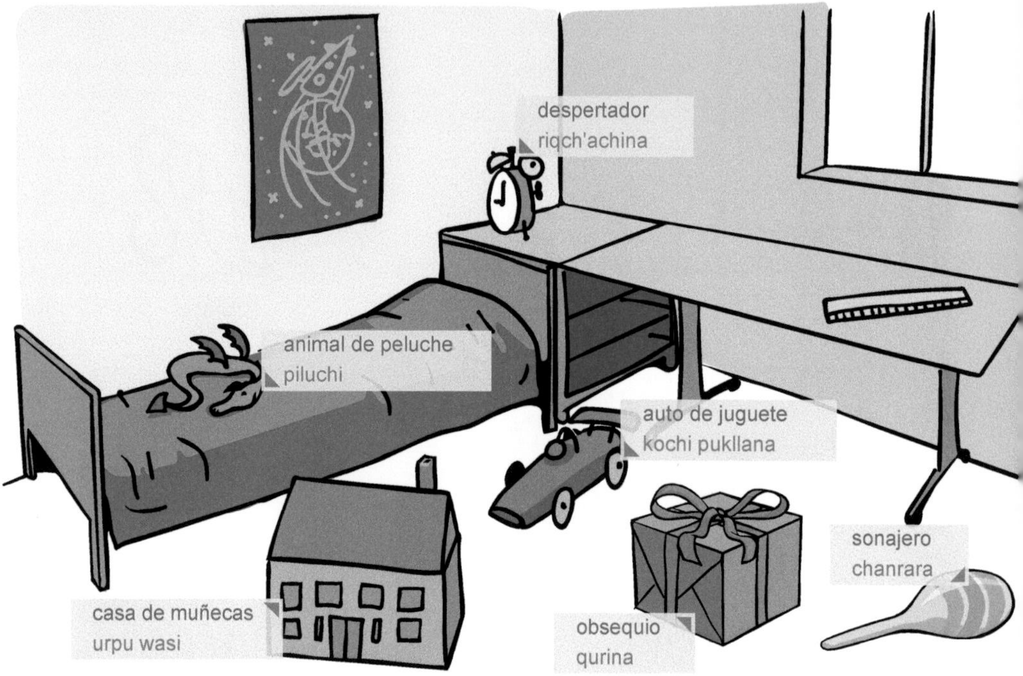

despertador
riqch'achina

animal de peluche
piluchi

auto de juguete
kochi pukllana

sonajero
chanrara

casa de muñecas
urpu wasi

obsequio
qurina

globo
phuyu phuku

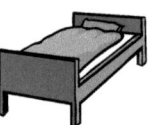

cama
puñuna

cochecito para niños
wawa kochi

juego de barajas
naypi

rompecabezas
pusli

cómic
riwista

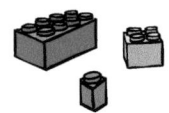
piezas de Lego
legukuna

bloques para jugar
wluki pukllana

figura de acción
figura aksionmanta

pijama de una pieza
wuri wawapaq

frisbee
friswi

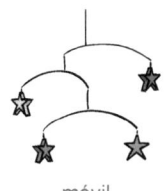
móvil
wawa marq'a

juego de mesa
jamp'ara pukllana

dado
dado

tren eléctrico a escala
trin iliktriko purina

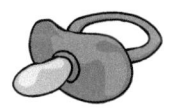
chupete
maniki

fiesta
raymi

libro de dibujos
futu p'anqa

pelota
p'ulu

títere
urpu

jugar
pukllay

arenero
t'iyu p'utaki

columpio
wallunk'a

juguetes
pukllana

consola de videojuego
wiriukunsula

triciclo
trisiklu

osito de peluche
jukumari pukllana

guardarropa
p'acha jallch'ana

vestimenta
p'acha

calcetines
chakiwayaqa

medias
chakiwayaqa qharipaq

panti
chakiwayaqa

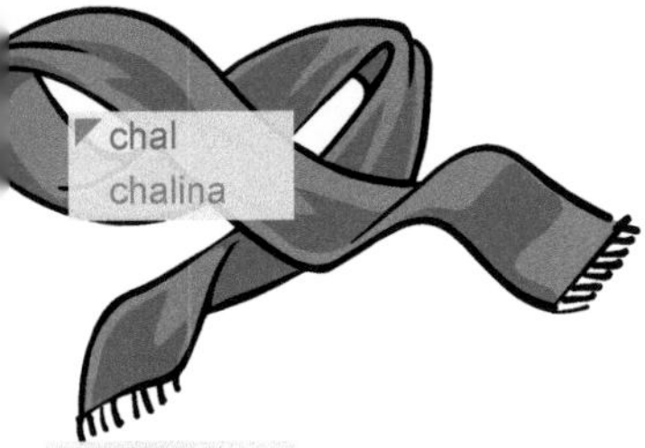

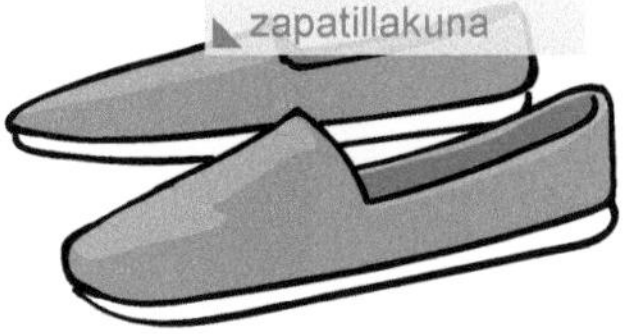

chal
chalina

paraguas
parawa

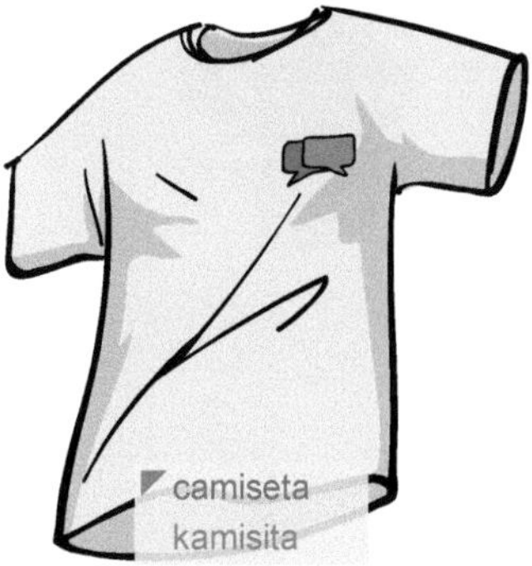

camiseta
kamisita

cinturón
chunpi

botas
wutakuna

zapatilla
zapatillakuna

deportivas
tinis

sandalias

zapatos

botas de goma

llanq'i

phapatukuna

wutakuna parapaq

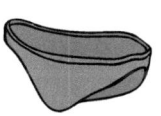

ropa interior

corpiño

camiseta

ukhu p'acha

sustin

chaliku

vestimenta - p'acha

body
wuri

pantalón
pantalu kurtu

jeans
wakiru

falda
arphi

blusa
wulusa

camisa
kamisa

pullover
chumpa

sweater
chumpa

blazer
blazer

chaqueta
chakita

abrigo
qhata

impermeable
yawardina

traje chaqueta
traji

vestido
wistiru

vestido de bodas
wistiru nowiamanta

vestimenta - p'acha

traje	camisón	pijama
traji	kamisun	piyama

sari	pañuelo de cabeza	turbante
sari	wandana	turbante

burka	caftán	abaya
burka	kaftan	abaya

traje de baño	bañador	shorts
traje mayllakunapaq	p'acha mayllakunpaq	kurtu

chándal	delantal	guante
p'acha tukuy p'unchawpaq	dilantal	makiwayaqa

vestimenta - p'acha

botón
ch'itana

gafa
gafakuna

brazalete
maki watana

cadena
wallqa

anillo
siwi

aro
linri quri

gorra
q'aspa

percha
p'acha warkhuna

sombrero
chharara

corbata
kurbata

cierre a cremallera
pantalu wisk'ana

casco
kasku

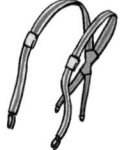

tiradores
tirantikuna

uniforme escolar
uniforme

uniforme
uniformi

vestimenta - p'acha

babero
llawsanapaq

chupete
maniki

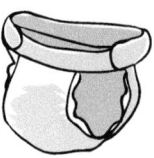
pañal
jananta

oficina
ujisina

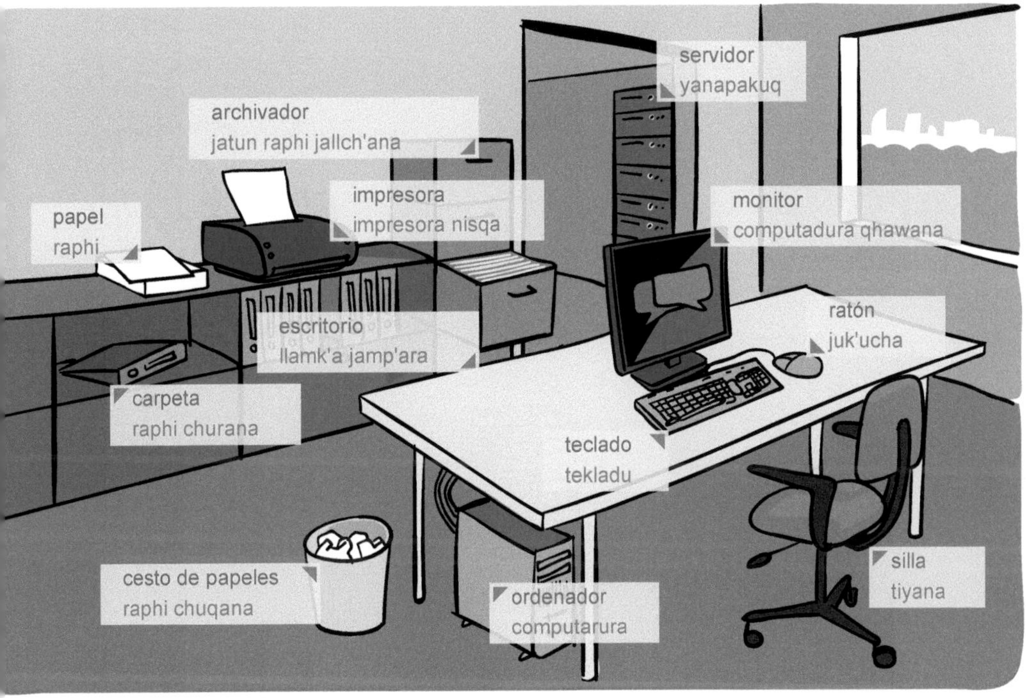

- servidor — yanapakuq
- archivador — jatun raphi jallch'ana
- impresora — impresora nisqa
- monitor — computadura qhawana
- papel — raphi
- escritorio — llamk'a jamp'ara
- ratón — juk'ucha
- carpeta — raphi churana
- teclado — tekladu
- cesto de papeles — raphi chuqana
- ordenador — computarura
- silla — tiyana

taza de café
tasa cajimanta

calculadora
calcularura

internet
intirnit

laptop
laptop

carta
chaki qillqa

mensaje
willachiy

teléfono móvil
silular

red
red

fotocopiadora
futukopia

software
software

teléfono
tilijunu

tomacorriente
toma corriente

máquina de fax
faks

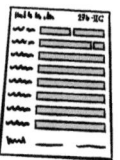
formulario
jurmulario

documento
asuy qillqa

economía
qullqikamay

comprar
ranqhay

pagar
qupuy

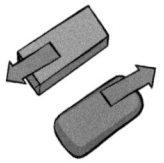
comerciar
ranqhay

dinero
qullqi

dólar
dólar qullqi

euro
iwro qullqi

yen
yen qullqi

rublo
ruwlu qullqi

franco
juranku swisu qullqi

renminbi
rinminwi qullqi

rupia
rupia qullqi

cajero automático
kajiru awtumatiku

casa de cambio
qullqi rantina wasi

oro
quri

plata
qullqi

petróleo
pitruliu

energía
kallpa

precio
yupa

contrato
mink'ay

impuesto
impuistu

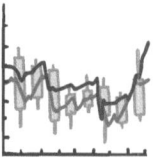

acción
aksiun

trabajar
llamk'ay

empleado
llamk'achiq

empleador
llamk'achiq

fábrica
puquchiy kiti

negocio
tienda

ocupaciones
llamk'aykuna

bombero
wumwiru

policía
ajinti policiamanta

cocinero
wayk'uq

médico
jampi kamayuq

piloto
pilutu

jardinero

inkill kamayuq

carpintero

llaqllaykamayuq

costurera

siraykamayuq

juez

khuskachaq

químico

jampi ranqhaq

actor

aranwaq

conductor de autobús
awtuwus q'iwiq

taxista
taksi q'iwiq

pescador
challwakamayuq

mujer de la limpieza
pichaq

techista
wasip qhatan

camarero
wayna yanapaq

cazador
chakuykamayuq

pintor
llimp'iq

panadero
t'antiri

electricista
iliktrisista

albañil
llam'kaq

ingeniero
k'llikacha

carnicero
ñak'aq

fontanero
yaku kamayuq

cartero
qillqa apaq

ocupaciones - llamk'aykuna

soldado
awqakuq

arquitecto
wasikamayuq

cajero
kajiru

florista
t'ikachaq

peluquero
chukcharutuq

cobrador
q'iwichiq

mecánico
mikaniku

capitán
wamink'a

odontólogo
kirukamayuq

científico
jamawt'a

rabino
rawinu

imam
k'askachimuq

monje
munji

párroco
tata kura

herramientas
ruk'awi

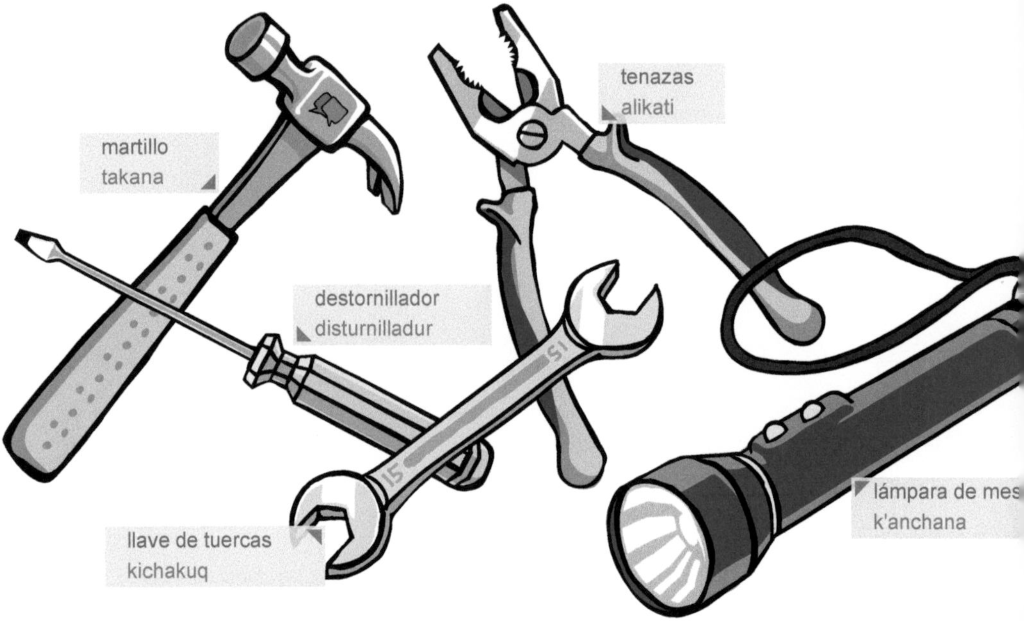

martillo
takana

tenazas
alikati

destornillador
disturnilladur

llave de tuercas
kichakuq

lámpara de mes
k'anchana

excavadora

ikskawadura

caja de herramientas

ruk'awi p'uktaki

escalerilla

wichana makiyuq

serrucho

sierra

clavos

takarpu

taladro

talaru

reparar
allinchay

pala
lampa

¡Maldición!
¡Supay apachun!

recogedor
q'upa tantana

lata de pintura
llimp'i churana

tornillos
turnillukuna

instrumentos musicales
takichiy nakuna

batería
watiria

altavoz
sumaq parlana

guitarra
witarra

contrabajo
kuntrawaju

trompeta
lata phuku

piano
pianu

violín
wiulin

bajo
waju

timbales
tinwalis

tambor
wankar

teclado
tikladu

saxofón
saksu

flauta
phukuna

micrófono
mikrufunu

instrumentos musicales - takichiy nakuna

zoológico
jatun uywa kancha

entrada
yaykuna

tigre
uthurunku

jaula
ch'iwa

cebra
siwra

comida para animales
uywa mikhunan

panda
panda

animales
uywa

elefante
ilijanti

canguro
kanguru

rinoceronte
rinusirunti

gorila
gurila

oso
jukumari

 camello kamillu	 avestruz suri	 león puma
 mono k'usillu	 flamengo pariwana	 papagayo q'ichichi
 oso polar pular jukumari	 pingüino pinwinu	 tiburón tiwurun
 pavo real pawu	 serpiente katari	 cocodrilo kukuwurilu
 cuidador del zoológico jatun uywa kancha arariwa	 foca fuka	 jaguar uthurunku

zoológico - jatun uywa kancha

pony
puni

leopardo
lliwpardu

hipopótamo
hipuputamu

jirafa
jirafa

águila
anka

jabalí
sintiru

pescado
challwa

tortuga
turtuga

morsa
mursa

zorro
atuq

gacela
gacila

zoológico - jatun uywa kancha

deporte
atipanaku pukllay

fútbol americano
amerikanu papawki pukllay

ciclismo
siklu rumpiy

tenis
tenis

baloncesto
isanka papawki

natación
wat'aku

boxeo
ñuk'anaku

hockey sobre hielo
joki

fútbol
papawki pukllay

badminton
watmintun

atletismo
lanlak

balonmano
kakcha

esquí
iski

polo
pulu

actividades
ruwakuna

- saltar / phinkiy
- reír / asiy
- abrazar / mak'alliy
- caminar / puriy
- cantar / takiy
- soñar / musquy
- rezar / mañakuy
- besar / much'ay

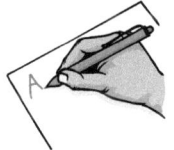

escribir
qillqay

dibujar
t'iktuy

mostrar
qhawachiy

presionar
tanqay

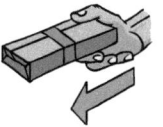

dar
quy

tomar
uqhariy

actividades - ruwakuna

tener
yuq

hacer
ruway

ser
kay

estar de pie
sayay

correr
t'ijuy

tirar
chuqay

arrojar
chuqay

caer
urmay

estar acostado
siriy

esperar
suyay

llevar
apay

estar sentado
chukuchiy

vestirse
p'achachakuy

dormir
puñuy

despertar
rikch'ay

actividades - ruwakuna

mirar
qhaway

llorar
waqay

acariciar
wayllúy

peinarse
sikray

conversar
rimay

entender
unanchay

preguntar
tapuy

oír
uyariy

beber
upyay

comer
mikhuy

asear
kamachiy

amar
khuyay

cocinar
wayk'uy

conducir
q'iwiy

volar
phaway

actividades - ruwakuna

navegar
wamp'uy

calcular
yupanchay

leer
ñawiriy

aprender
yachay

trabajar
llamk'ay

casarse
sawaray

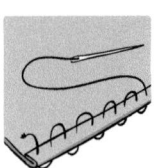
coser
siray

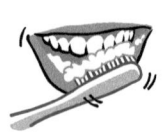
limpiarse los dientes
kiru khitukuy

matar
wanchiy

fumar
pitay

enviar
kachay

actividades - ruwakuna

familia
yawar masikuna

abuela
jatun mama

abuelo
jatun tata

padre
tata

madre
mama

bebé
wawa

hija
warmi wawa/ ususi

hijo
qhari wawa/ churin

invitado
jamuynisqa

tía
ipa

tío
kaki

hermano
tura/wawqi

hermana
ñaña/pana

cuerpo
uqhu

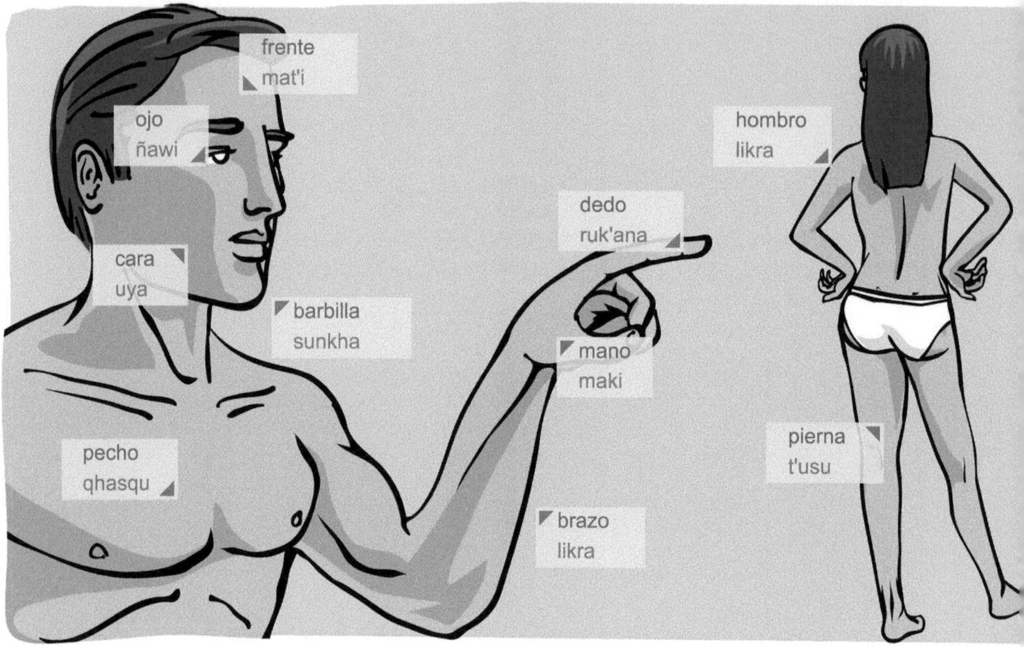

frente / mat'i
ojo / ñawi
cara / uya
barbilla / sunkha
pecho / qhasqu
dedo / ruk'ana
mano / maki
brazo / likra
hombro / likra
pierna / t'usu

bebé
wawa

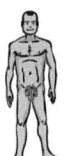

hombre
qhari

mujer
warmi

muchacha
sipas

joven
yuqalla

cabeza
uma

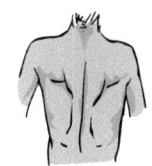

espalda
wasa

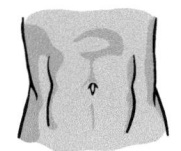

vientre
wisa ukhu

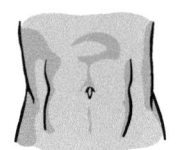

ombligo
pupu

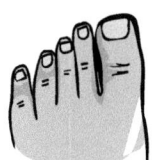

dedo del pie
ruk'ana

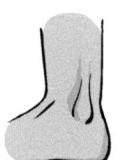

talón
takillpa

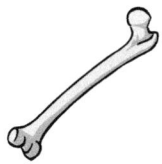

hueso
tullu

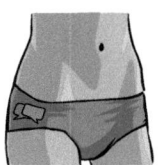

cadera
chaka

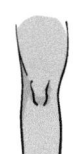

rodilla
muqu

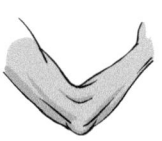

codo
maki muqu

nariz
sinqa

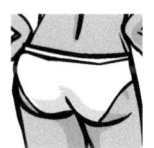

trasero
siki

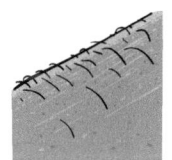

piel
qara

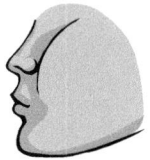

mejilla
k'aqlla

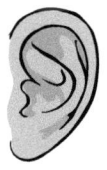

oreja
linri

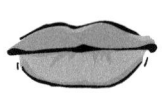

labio
sipri

cuerpo - uqhu

	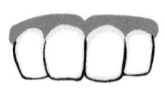	
boca simi	diente kiru	lengua qallu
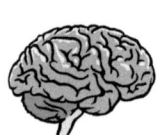	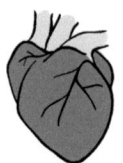	
cerebro ñuqtu	corazón sunqu	músculo mach'i
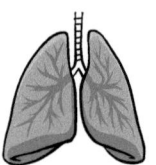		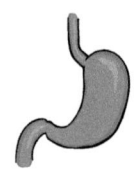
pulmón surq'an	hígado k'iwicha	estómago wisa
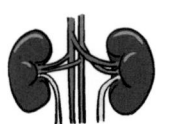		
riñones wasa ruru	relación sexual lluq'anaku	condón condon
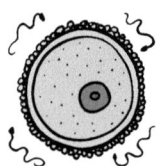		
Óvulo ch'uytu	esperma yuma	embarazo wiksayuq kay

cuerpo - uqhu

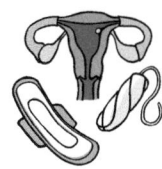
menstruación
k'ikuy

vagina
rakha

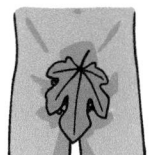
pene
ullu

ceja
qhichira

cabello
chukcha

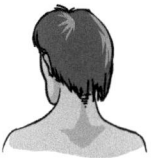
cuello
kunka

hospital
Jampina wasi

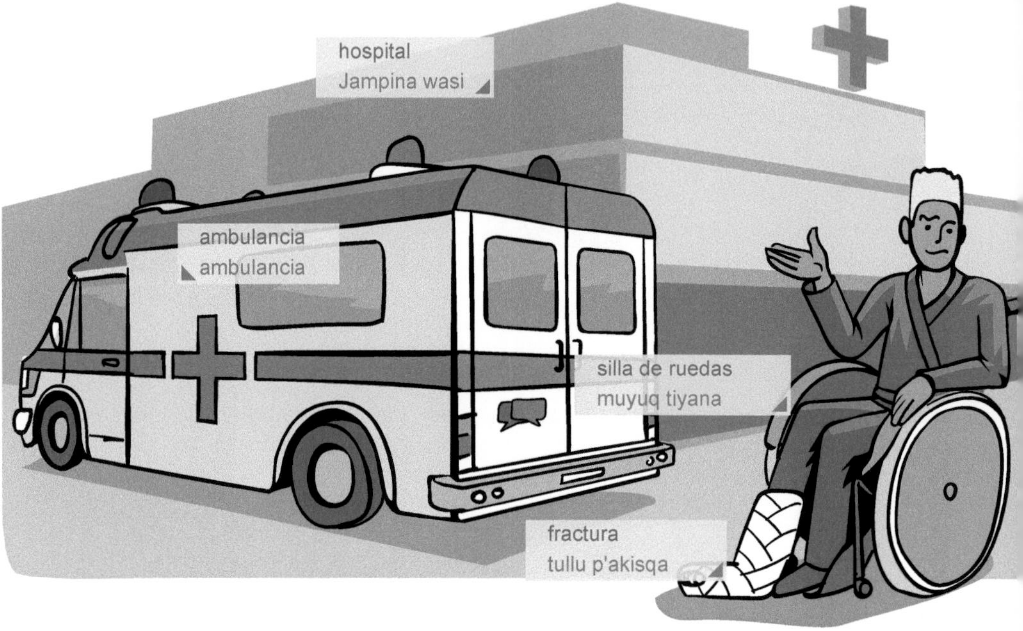

- hospital / Jampina wasi
- ambulancia / ambulancia
- silla de ruedas / muyuq tiyana
- fractura / tullu p'akisqa

médico
jampi kamayuq

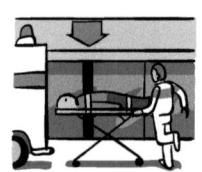

admisión de urgencia
urgencia wasi

enfermera
jampi yanapaq

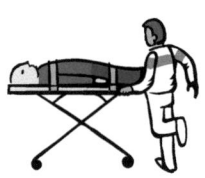

emergencia
urjinsia

inconsciente
mana yuyayniyuqchu

dolor
nanay

lesión
ñuti

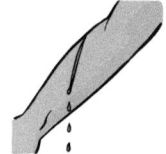

hemorragia
sirk'ay

infarto de miocardio
infarto

apoplejía cerebral
wayra

alergia
millachikuq

tos
ch'uju

fiebre
k'aja unquy

gripe
p'urqi

diarrea
q'icha

dolor de cabeza
uma nanay

cáncer
isqu unquy

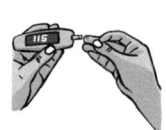

diabetes
diyawitis

cirujano
jampi kamayuq

escalpelo
bisturi

operación
upirasiun

hospital - Jampina wasi

TC
TAC

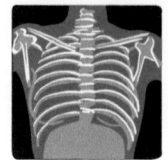
rayos X
tullurikuchi

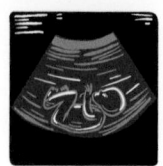
ultrasonido
ultrasunidu

máscara
jark'ana

enfermedad
unquy

sala de espera
suyanapaq k'illi wanlla

muleta
tawna

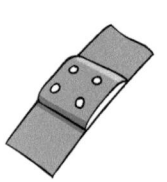
emplasto
tinta

vendaje
manku

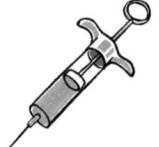
inyección
inyiksiun

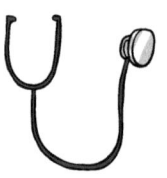
estetoscopio
istituskupiu

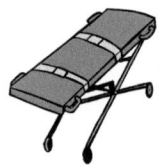
camilla
kallapu

termómetro
llaphi tupuna tupu

nacimiento
paqarisqa

sobrepeso
wirachasqa

hospital - Jampina wasi

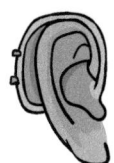
audífono
audifono

desinfectante
disinjiktanti

infección
q'iyacha

virus
miyu

VIH / SIDA
VIH / SIDA

medicina
jampi

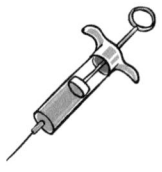
vacunación
wakuna

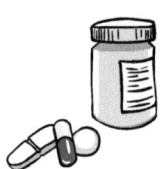
comprimido
tawlitakuna

píldora anticonceptiva
pastilla

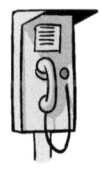
llamada de emergencia
usqay waqyana

medidor de presión arterial
tinsiumitru

enfermo / saludable
unqusqa / qhali

hospital - Jampina wasi

emergencia
urjinsia

¡Ayuda! — alarma — asalto
¡Yaw! — alarma — manchay

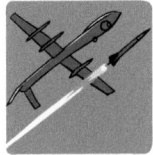  

ataque — peligro — salida de emergencia
waykha — chhiki — punku utqay lluqsinapaq

¡Fuego! — extintor — accidente
¡Nina! — nina wañichiq — ñak'ariy

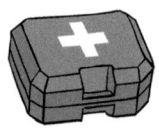  

kit de primeros auxilios — SOS — Policía
botiquin de primeros auxilios — SOS — pulisiya

Tierra
Pacha

Europa
Iwrupa

América del Norte
Chincha Amerika

América del Sur
Qulla Amerika

África
Ajurika

Asia
Asia

Australia
Awstralia

Atlántico
Atlantiku

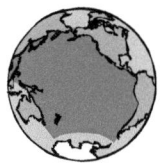

Pacífico
Pasijiku

Océano Índico
Indiku mama qucha pacha

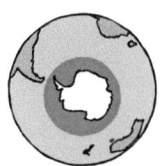

Océano Antártico
Antartiku mama qucha pacha

Océano Ártico
Artiku mama qucha pacha

Polo Norte
chincha pulu

Polo Sur
qulla pulu

Antártida
Antartida

Tierra
Pacha

país
jallp'a

mar
mama qucha

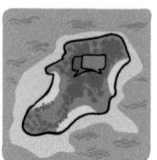
isla
tara

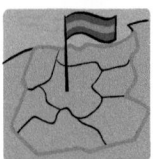
nación
llaqta

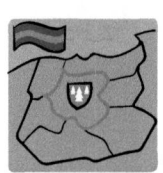
Estado
Suyu

reloj
phani (kuna)

cuadrante
muruq'u

horario
phani tuqsiq

minutero
chininiq

segundero
ch'ipu yupaq

¿Qué hora es?
¿Ima phanitaq?

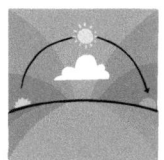
día
p'unchaw

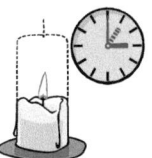
tiempo
pacha

ahora
kunan

reloj digital
dijital inti watana

minuto
chinini

hora
phani

semana
qanchischaw

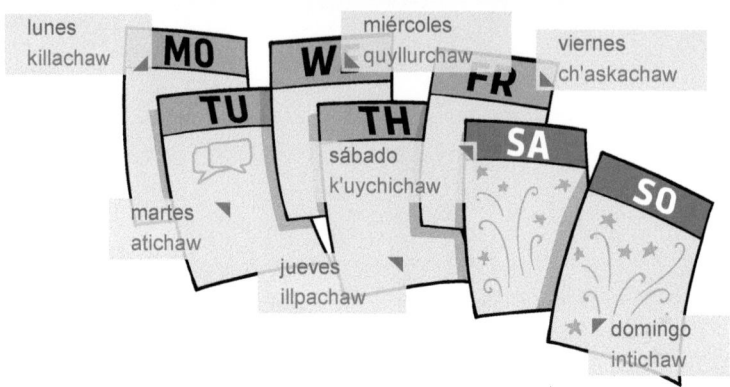

- lunes / killachaw
- martes / atichaw
- miércoles / quyllurchaw
- jueves / illpachaw
- viernes / ch'askachaw
- sábado / k'uychichaw
- domingo / intichaw

ayer
qayna

hoy
kunan

mañana
p'unchaw

mañana
p'unchaw

mediodía
chawpi p'unchaw

tarde
sukha

jornada de trabajo
llamk'ana p'unchawkuna

fin de semana
tukuq qanchischawnin

semana - qanchischaw

año
wata

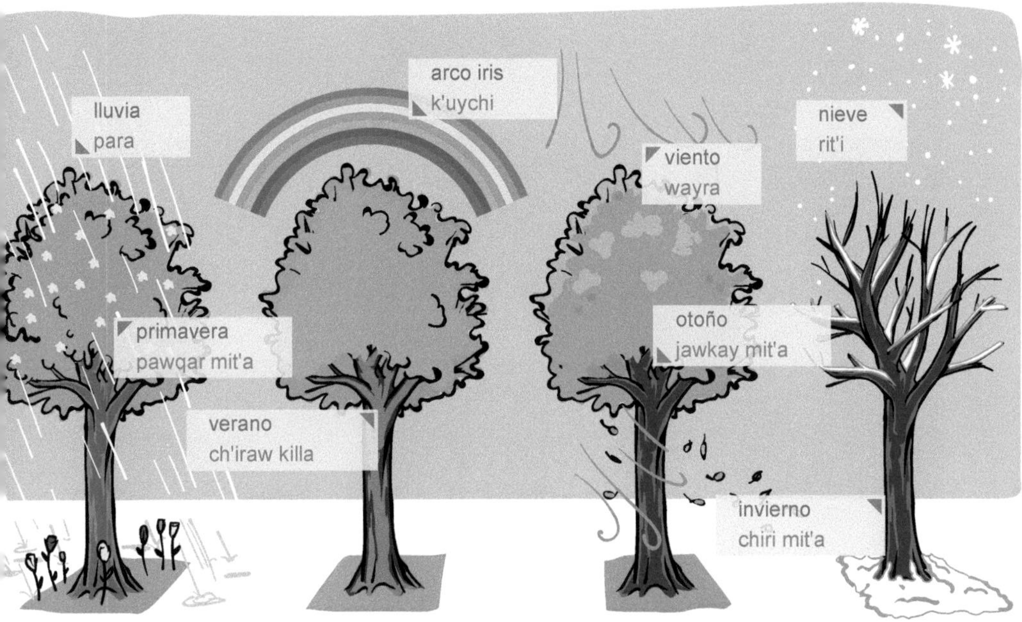

arco iris
k'uychi
lluvia
para
nieve
rit'i
viento
wayra
primavera
pawqar mit'a
otoño
jawkay mit'a
verano
ch'iraw killa
invierno
chiri mit'a

4.APRIL 11°
5.APRIL 4°
6.APRIL 13°
7.APRIL 8°
8.APRIL 10°

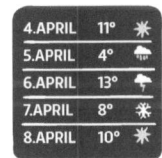

pronóstico meteorológico

inti raki

F
C
120
90
60
30
0
-30
40
30
20
10
0
-10
-20

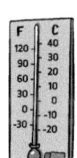

termómetro

tirmumitru

luz solar

inti

nube

phuyu

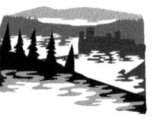

niebla

phuyu

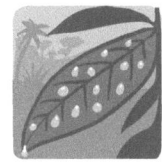

humedad ambiente

juq'u

relámpago
illapa

trueno
illapa

tormenta
tamya

granizo
chikchi

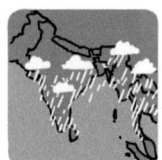

monzón
muyuq wayra

inundación
lluqlla

hielo
chullunka

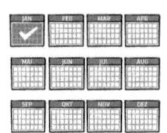

enero
qhaqmiy killa

febrero
jatunpuquy killa

marzo
pachapuquy killa

abril
ariwaki killa

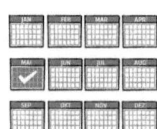

mayo
aymuray killa

junio
jawkaykuskuy killa

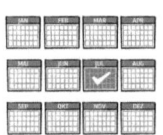

julio
chakrakunakuy killa

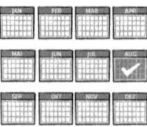

agosto
chakraypuy killa

año - wata

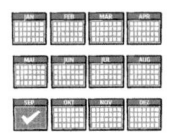
septiembre
tarpuy killa

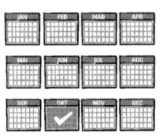
octubre
pawqarwara killa

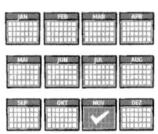
noviembre
ayamarq'ay killa

diciembre
qhapaq inti raymi killa

formas
pacha tupusqa rikch'ay

círculo
muyu yupa

cuadrado
tawak'uchu yupa

rectángulo
sayt'u yupa

triángulo
kimsa k'uchu yupa

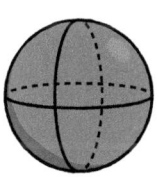
esfera
muruq'u

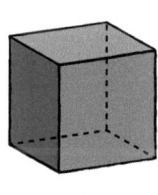
cubo
yupa wayru

colores
llimp'ikuna

blanco
yurak

amarillo
q'illu

anaranjado
willapi

rosa
panti

rojo
puka

lila
kulli

azul
anqas

verde
q'umir

marrón
ch'umpi

gris
uqi

negro
yana

opuestos
wakjinakuna

mucho / poco
achkha / pisi

enojado / calmado
phiña / qhasi

bonito / feo
k'acha / millay

comienzo / fin
qallariy / tukuy

grande / pequeño
jatun / juch'uy

claro / oscuro
sut'i / tuta

hermano / hermana
wawqi / pana

limpio / sucio
llimphu / ch'ichi

completo / incompleto
junt'asqa / mana junt'asqa

día / noche
p'unchaw / tuta

muerto / vivo
wañusqa / kawsaq

ancho / angosto
chhuqu / k'ichki

disfrutable / no disfrutable

mikhunapaq / mana mikhunapaqchu

gordo / delgado

rakhu / tullu

lleno / vacío

junt'a / ch'in

hambre / sed

yarqhay / ch'akiy

malo / amigable

sakra / k'acha

primero / último

ñawpaq / qhipa

duro / suave

k'urki / llamp'u

enfermo / saludable

unqusqa / qhali

izquierda / derecha

lluq'i / paña

excitado / aburrido

kusisqa / majisqa

amigo / enemigo

masi / awqa

pesado / liviano

llasa / chhalla

ilegal / legal

chanin / mana chanin

cercano / lejano

qaylla / karu

inteligente / tonto

yuyaysapa / upa

nuevo / usado

musuq / mawk'a

nada / algo

ch'usaq / imapis

viejo / joven

machu / wayna

encendido / apagado

jap'isqa / wanchisqa

abierto / cerrado

kichasqa / wisq'asqa

bajo / fuerte

ch'in / ch'aqwa

rico / pobre

qhapaq / wakcha

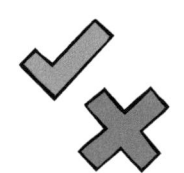

correcto / incorrecto

chiqan / mana chiqan

áspero / liso

qhachqa / llamp'u

triste / alegre

llakisqa / kusi

breve / extenso

k'aka / karu

lento / veloz

jayra / utqay

mojado / seco

juq'u / ch'aki

caliente / frío

rupha / chiri

guerra / paz

awqay / sunqu tiyakuy

opuestos - wakjinakuna

números
yupaykuna

0 cero
ch'usak

1 uno
uk

2 dos
iskay

3 tres
kimsa

4 cuatro
tawa

5 cinco
phichqa

6 seis
suqta

7 siete
qanchis

8 ocho
pusaq

9 nueve
jisq'un

10 diez
chunka

11 once
chunka ukniyuq

12
doce
chunka iskayniyuq

13
trece
chunka kimsayuq

14
catorce
chunka tawayuq

15
quince
chunka phichkayuq

16
dieciséis
chunka suqtayuq

17
diecisiete
chunka qanchisniyuq

18
dieciocho
chunka pusaqniyuq

19
diecinueve
chunka jsq'unniyuq

20
veinte
iskay chunka

100
cien
pacha

1.000
mil
waranqa

1.000.000
millón
junu

números - yupaykuna

idiomas
simikuna

inglés

inklis simi

inglés estadounidense

amerikanu inklis simi

chino mandarín

mandarin chinu simi

hindi

jindi simi

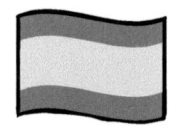

español

castilla simi

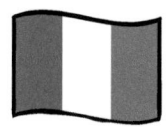

francés

fransis simi

árabe

arabia simi

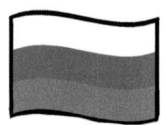

ruso

rusia simi

portugués

purtugal simi

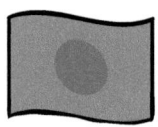

bengalí

bingali simi

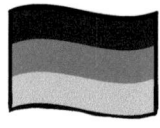

alemán

alimania simi

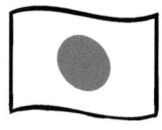

japonés

japun simi

quién / qué / cómo
pi / ima / imayna

yo
ñuqa

tú
qam

él / ella
pay / pay / chay

nosotros
ñuqanchik

vosotros
qamkuna

ellos
paykuna

¿quién?
¿pitaq?

¿qué?
¿imataq?

¿cómo?
¿imaynataq?

¿dónde?
¿maypitaq?

¿cuándo?
¿mayk'aq?

nombre
suti

donde
maypi

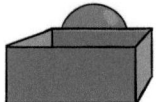

detrás

qhipa

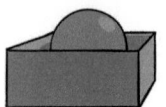

en

pi

delante de

ñawpaq

encima de

pantanpi

sobre

pata

debajo de

uranpi

junto a

kuska

entre

chawpi

lugar

chiqan